中国潜水打捞行业协会休闲潜水系列丛书

救援潜水员手册

主　编：王　奇　王佐恺

副主编：刘　芳　高瑞杰

编　委：于澎涛　王丽丽　王翔宇　邓玉娟　孙　斌
　　　　赵丙坤

中国海洋大学出版社

·青岛·

图书在版编目（CIP）数据

救援潜水员手册／王奇，王佐恺主编. —青岛：中国海洋大学出版社，2021.5

（中国潜水打捞行业协会休闲潜水系列丛书）

ISBN 978-7-5670-2656-8

Ⅰ.①救…　Ⅱ.①王…　②王…　Ⅲ.①潜水员—手册　Ⅳ.①U676-62

中国版本图书馆CIP数据核字（2020）第229526号

出版发行	中国海洋大学出版社
社　　址	青岛市香港东路23号　　邮政编码　266071
网　　址	http://pub.ouc.edu.cn
出 版 人	杨立敏
责任编辑	邹伟真
电　　话	0532-85902533
电子信箱	zwz_qingdao@sina.com
印　　制	青岛国彩印刷股份有限公司
版　　次	2021年5月第1版
印　　次	2021年5月第1次印刷
成品尺寸	170 mm × 230 mm
印　　张	6.25
字　　数	85千
印　　数	1-1000
定　　价	200.00元
订购电话	0532-82032573（传真）

发现印装质量问题，请致电0532-58700168，由印刷厂负责调换。

中国潜水打捞行业协会休闲潜水系列丛书
编委会

总 序 PREFACE

21世纪，人类进入了大规模开发利用海洋的时期。海洋在我国经济社会发展和对外开放大局中的作用更加重要，提高海洋资源开发能力，发展海洋经济，保护海洋生态环境已成为新时代的重要课题之一。

中国潜水打捞行业协会是目前世界上唯一集救助打捞、海洋工程、船舶及装备制造业、（全面覆盖）空气潜水、混合气潜水、饱和潜水和常压式潜水等多种潜水技术培训、发证为一身的行业自律管理社团组织，是经国家批准成立的非营利性社会组织。长期以来为工程潜水提供行业规范、团体标准和专业指导服务，秉承"一个目标，两个追求，三个服务"的协会发展宗旨，负责行业自律管理体系下多种潜水培训、发证和管理，在潜水打捞、应急救援和海洋工程、港口和水工工程、水下工程质量检测领域发挥了重要及积极作用，培训出大量具有强烈安全意识、丰富经验和较高能力水平的水下作业人员，为促进行业良性发展起到了重要作用。同时，也发挥了政府与企业、事业之间及政府与社会之间的桥梁和纽带作用，承担了应尽的社会责任和义务。

为响应国家"发展海洋旅游"的战略，中国潜水打捞行业协会以专业性优势及强大的专家团队支持，积极开发国有休闲潜水体系，支持自有知识产权丛书的开发。中国潜水打捞行业协会开展的一系列潜水打捞行业自律管理体系既符合中国国情又符合国际标准，有力助推了国家共建"一带一路"、海洋经济走出国门的发展战略。

此次我欣然接受青岛海洋技师学院的邀请，为中国第一套出版的自有知识产权休闲潜水丛书作序。2018年1月26日，中国潜水打捞行业协会在青岛隆重举行了开展休闲潜水的启动仪式，颁发了培训机构、休闲潜水员、教练员首批证书。"中国潜水打捞行业协会系列丛书"的撰写，以及以此为基础所开展的培训和发证工作，表明长达20多年的中国休闲潜水培训发证一直由外国商业机构垄断的格局已经被打破，开启了中国自主休闲潜水培训、发证和自律管理的历史新纪元。同时，提升了国家的海洋意识，促使国人更多地亲近海洋，帮助相关从业者和从业公司更规范地经营，提供更高水平、更专业化的服务和支撑，使整个行业更加规范、安全、环保。实现可持续发展也是中国潜水打捞行业协会责无旁贷的义务和奋斗目标。

中国休闲潜水事业已经扬帆起航，并将迎来一个飞速发展的黄金期。我相信在国家政策的正确指引下，在有关部门和社会各界的关心下，在广大会员和休闲潜水爱好者的积极参与下，一定能够成功打造出可以向世界展示我国现代化休闲潜水事业的国家品牌。同时，也希望这套丛书可以起到抛砖引玉的作用，使中国涌现出更多的休闲潜水爱好者、海洋环境保护者，进一步推动广大青少年了解海洋、接触海洋、热爱海洋。

中国潜水打捞行业协会理事长

宋家慧

2019年6月6日

总前言　FOREWORD

　　休闲潜水是一项充满挑战性和趣味性的休闲活动，在美好生活需求日益增长的今天，得到越来越多人的喜爱。为了满足社会对休闲潜水快速发展的需求，中国潜水打捞行业协会（China Diving & Salvage Contractors Association，CDSA）顺势而为，建立了我国休闲潜水培训架构体系，旨在培养更多更优秀的休闲潜水教练和潜水员，推动中国潜水行业发展，谱写新时代下中国休闲潜水发展的新篇章。

　　"中国潜水打捞行业协会系列丛书"由中国潜水打捞行业协会主导，非工程潜水技术专业委员会青岛海洋技师学院负责组织人员编写。

　　本丛书遵循CDSA发布的团体标准架构体系，包括了从休闲潜水员入门至休闲潜水教练级别的《开放水域潜水员》《进阶潜水员》《救援潜水手册》《潜水长手册》《高氧潜水》等教材。随着中国休闲潜水行业的蓬勃发展，未来会有更多专业课程教材列入。

　　青岛海洋技师学院是中国潜水打捞行业协会非工程潜水技术专业委员会依托单位，中国潜水打捞行业协会潜水员培训基地，中国首批休闲潜水培训基地。我们受协会委托组织编写本套丛书，在编写过程中，中国潜水打捞行业协会给予了大力指导，非工程潜水技术专业委员会委员单位给予了有力支持。正是因为有了各方面的帮助，使得本丛书内容更加丰富与完善，在此向他们表示衷心的感谢！

　　在编写过程中，我们力求"中国潜水打捞行业协会系列丛书"科学合理，能够符合广大休闲潜水爱好者、休闲潜水教练的需要。但限于编者的水平，错漏难免，希望潜水专业人士和读者不吝指正，以利于下一版的改进。

　　　　　　　　　"中国潜水打捞行业协会系列丛书"编委会

　　　　　　　　　　　　　　　　2020年7月1日

前　言　FOREWORD

　　《救援潜水员》是休闲自携式潜水入门的第一课。本书依据中国法律法规以及国际标准化组织对潜水的相关规定编写，用于中国潜水打捞行业协会对开放水域潜水员的培训，以及为广大潜水活动爱好者提供参考。本书本着"理论为实践服务，实践中强化理论"的原则编写，注重对练习和经验的累积，并把相关的扩展资料一并纳入，具有实用性。

　　本书分为潜水理论与潜水实际操作两大部分，第一单元、第二单元、第三单元和第四单元分别从休闲潜水是什么、休闲潜水胜地、海洋生物、潜水物理学和生理学、潜水装具几方面介绍了休闲潜水的基本知识；第五单元和第六单元分别从平静水域和开放水域两个不同练习场所介绍了实际操作部分需要学习和注意的事项。

　　休闲潜水具有良好的发展前景，相关理论和医学知识都在不断地探索中，我们也在不断地推陈出新，以安全、环保、娱乐为基石建设中国休闲潜水体系。中国打捞行业协会与青岛海洋技师学院作为独立开发中国潜水体系的组织者，将推动中国潜水行业发展，普及海洋生态环境保护、加强海洋生态文明建设作为己任。

　　鉴于我们水平有限，不足之处和差错在所难免，竭诚读者提出宝贵意见，以利于下一版的改进。

王　奇

2021年2月

　　2008年6月2日，经民政部批准，中国潜水打捞行业协会在北京正式成立，我国潜水打捞行业由政府监管、行业自律管理的体制和机制初步形成。

　　中国潜水打捞行业协会系国家一级社团组织，是从事各类潜水、打捞、救助、海洋及水下工程、船舶及设施建造、潜水打捞装备装具制造、潜水医学保障、海洋海事科研、教学、培训、保险等相关机构自愿结成的行业性和非营利性社会团体。中央和国家机关工委、民政部、交通运输部为本行业协会领导、管理和业务指导部门。

　　十年磨砺，荣光初就。至2020年，中国潜水打捞行业协会会员单位已由起步时的114家发展至近500家，协会下设4个办事处、9个专业委员会。十几年来，协会逐步发展成国内外富有影响力的行业社团组织。

　　协会的宗旨是围绕国家发展大局，引导和规范本行业自律行为，维护本行业及会员合法权益，组织和协调行业内关系，助推和提升本行业整体管理水平和服务能力，发挥政府与企事业单位之间以及政府与社会之间的桥梁和纽带作用，承担应尽的社会责任和义务。

在党的十九大精神指引下，中国潜水打捞行业协会正满怀信心地向建设一流行业组织的目标迈进。

CDSA休闲潜水培训体系

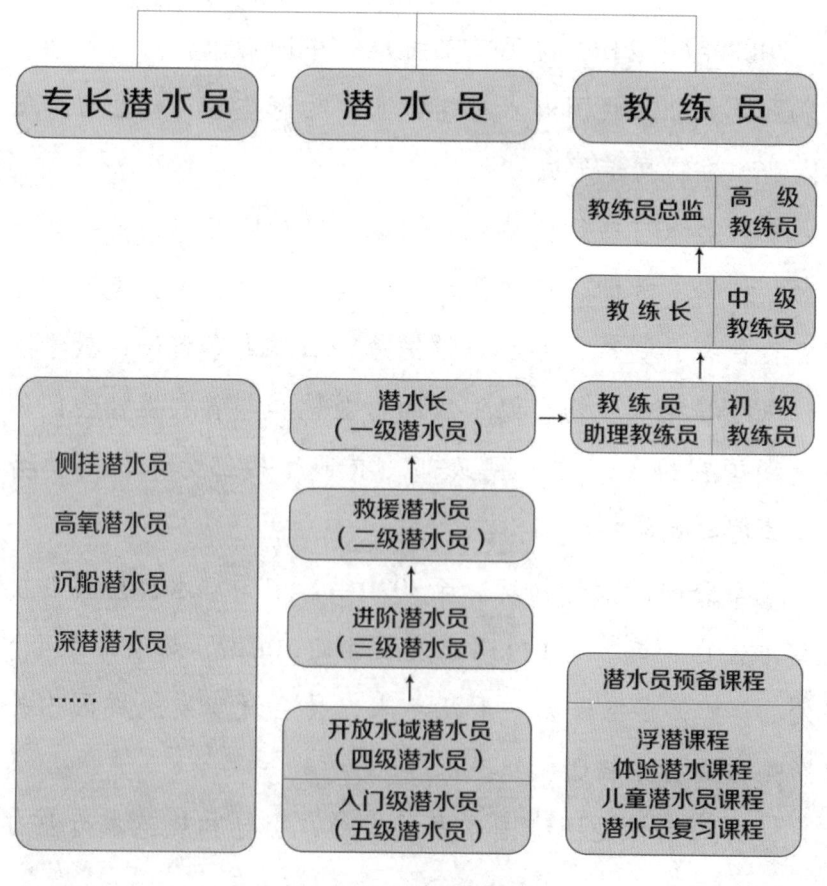

CDSA潜水进阶流程图

目 录 CONTENTS

第一单元

了解救援
潜水员

　　学习救援潜水员的意义不是如何营救自己或者潜伴，而是如何避免自己或潜伴成为一名需要被救援的潜水员。潜水是一项具有风险性的活动，但是专业的知识、完善的潜水计划、对安全的绝对重视、对潜水规则的认真遵守执行，能最大限度地保证自身的安全。

本单元学习内容：

一、独立的潜水员

二、救援潜水课程目标及要求

三、潜水事故原因归结

四、成为救援潜水员需要进行的准备

一、独立的潜水员

作为一名潜水员，能够独立地进行潜水非常重要。在水底，你需要有良好的判断力及足够的知识，能分辨自己或潜伴遇到的险境。那么在接下来的课程中，我们要学习如何预防和应对这些潜在的危险。

1. 为什么要成为一名独立潜水员

作为一名潜水员，与潜伴之间相互帮助，彼此照顾是理所应当的，但是在没有潜伴的帮助下拥有独立解决问题的能力同样重要。独立自主解决问题的能力是我们享受潜水乐趣的保障，也让我们能更好地帮助潜伴（图1-1）。

所有潜水员都应该具备独立潜水的能力，这就意味着所有潜水员都应该参与潜水的每个环节，从潜水用具及装具的准备、潜水计划的制定，一直到潜水意外的处理。每一个独立潜水员都应该学会如何预防意外，以及在意外发生时如何处置。

图1-1 潜水员

2．如何成为一名独立潜水员

一名独立潜水员需要大量的学习及练习。对潜水知识的充分掌握能让潜水员对事故进行预判，事先规划好预防及应对措施，也就是良好的潜水计划（图1-2）。

一名独立潜水员应该具有良好的安全意识，对自身技能的了解以及对自己使用装具、设备的了解，对自己耗气量和潜点水深的基本预判，对自己能处理哪些情况，是否有应对复杂环境的能力等。甚至对自己的体能是否适合进行对他人的救援，可以支撑自己做到哪一步都要有清晰准确的判断。

> **小贴士**
>
> 救援行动的前提是保障自己的安全。如果自己的安全都不能保障，怎么还有能力"救援"他人呢？

图1-2　整理装备的潜水员

3．成为一名独立潜水员的准备

要想成为一名独立潜水员，不但需要储备大量的知识，也需要练好体能。要在平时锻炼身体、健康饮食，在身体状况不适时尽量避免开展潜水活动。

潜水员要重视心理的紧张或情绪的亢奋，做好潜水计划、对潜点进行了解、在不超过训练水平的深度进行潜水，可以极大缓解潜水员的紧张情绪。

与潜伴进行良好沟通，在潜水前与潜伴互相检查装备。独立潜水员不等于一个人潜水，对于独立潜水员来讲，潜伴的支持及帮助也是不可或缺的（图1-3）。

图1-3　相互协作的潜水员

二、救援潜水课程目标及要求

1．课程目标

（1）对潜水员在潜水过程中可能遇到的各种突发紧急状况，能够第一时间进行救援，将意外事故的伤害降到最低。

（2）有资格报名参加潜水长课程。

2．参与先提条件

（1）持有进阶开放水域潜水员证书或其他认可机构签发的相同等级的证书。

（2）30次开放水域潜水记录。

（3）年龄：12周岁及以上。未年满18周岁的儿童和青少年，需要监护人书面签署同意其参加课程。

3．结业要求

（1）完全掌握必修课程中的水下、水面救援技巧。

（2）能够应对各种紧急突发情况。

（3）熟练掌握CPR实际操作。

（4）熟练掌握基础急救操作。

（5）能够配合参与其他潜水事故现场的救援工作。

三、潜水事故原因归结

造成潜水事故的原因复杂多样，但是归结起来基本有以下几个方面：人为因素；物资因素（装具、设备等）；环境因素（超出训练能力的环境）；管理因素（潜水计划、潜水组织等）。

1．人为因素

很多事故的发生是因为潜水员身体状况不佳，这也是潜水员在每次潜水课程和潜水行程之初都必须签署健康声明书的原因（图1-4）。心脏病、肺部疾病对于潜水来说都是较大的安全隐患，而过度疲劳、酗酒也有可能带来危险。还有些潜水员喜欢"寻找刺激"，超出自己的训练极限去潜水，或者不听潜导指挥擅自追逐、触碰海洋生物，这些行为都会为潜水行程增加危险。

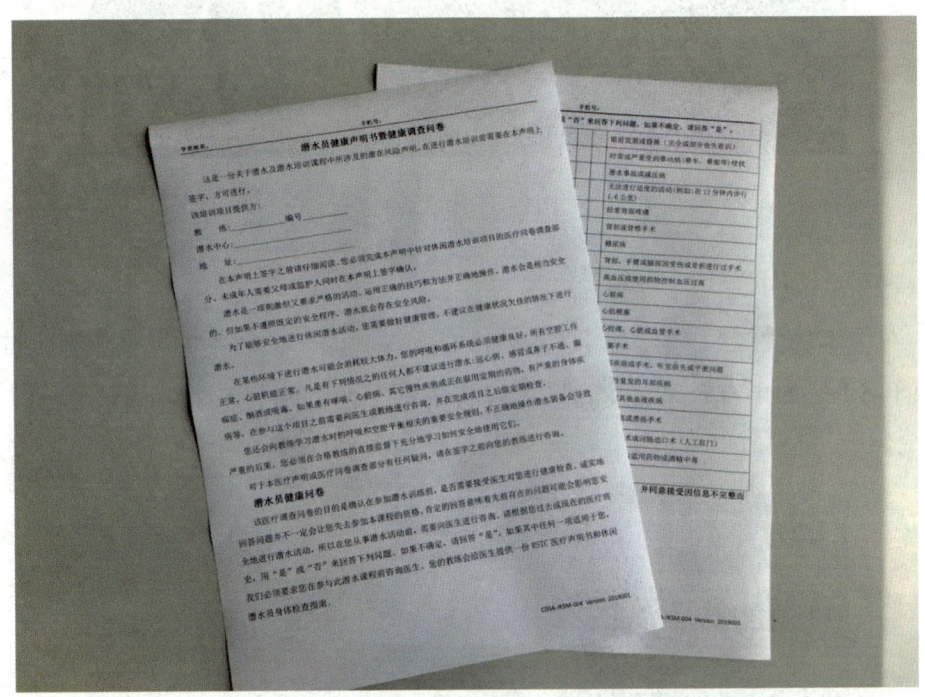

图1-4　潜水员健康声明书

2．物资因素

没有经过良好保养的潜水装具或者尺寸不合适的装具（图1-5）以及水面上经过的船只，对潜水员来说都是潜在的危险源。

图1-5　潜水装具

3．环境因素

对于未接受过相关训练的潜水员，水流大、能见度低等情况是较难应付的（图1-6）。如果有台风、龙卷风、闪电等，是绝对不可以去潜水的。

图1-6　下水前确认水况的潜水员

4．管理因素

当组织者没有良好的安全计划，或者潜水从业者没有经过良好正规的训练，便有可能在紧急状况发生时无法做到有效应对（图1-7）。

图1-7　下水前重复强调潜水计划重要部分的潜水员

四、成为救援潜水员需要进行的准备

在学习了开放水域潜水员以及进阶潜水员的课程后，潜水员已经掌握了潜水的基本知识与技能，可以自由地在海洋中遨游，并且经过一段时间的练习与实践可以成为一名独立潜水员。但是要想成为救援潜水员，还需要更多的学习。

1．知识准备

要成为一名救援潜水员，必须具备潜水导航的基本能力和在能见度低的水域潜水的能力。

在进行任何类型的潜水前，务必确保已具备此种类型潜水的资质。对潜水过程中可能会遇到的天气、海流等情况提前了解，了解这个潜点的情况是否复杂、是否是潜水员能力范围内可以进行的潜水，比如有些潜点以乱流而出名，就不适合只有很少潜水经验的潜水员挑战。甚至水下能够看到什么生物也是需要提前了解的，比如有些潜水员对蛇有着不可名状的恐惧，就不建议去有蛇出现的潜点进行潜水。

有足够的知识可以让潜水员有足够的能力来确认自己是否适合此次潜水行程。

2．潜水计划

最好与自己的潜导和潜伴一起制定潜水计划，或者在制定好潜水计划后与潜伴进行充分沟通。

潜水计划与潜水员的安全息息相关，可以说一份好的潜水计划可以让潜水员的安全系数大幅提升。

3．生理准备

足够的体力和耐力是一名救援潜水员的必备素质。自携式潜水是一项较为轻松的活动，普通潜水员可以轻松游弋在海洋中。但是作为一名救援潜水员，要能在潜伴失去意识或者极度疲惫的情况下将他从水面拖带至岸边/船边。在专业急救人员到来之前，救援潜水员还可能需要为患者实施心肺复苏术。

4．心理准备

自携式潜水是一项较为安全的运动，但是在我们并不熟悉的水环境中，即使做好全方位的考虑及详细的计划、应对方案，依然可能会有意外发生。

救援潜水员课程需要更多地了解这些意外发生的原因及应对措施，以便在意外发生时能做到不慌不忙，学以致用。

5．装具准备

如果在潜水时装具突然出现故障，或者全程都需要调整BCD的带子让它尽量不要晃动，都会为潜水员带来极大的压力，能让潜水员分心而无法时刻注意周围环境。在这种状况下，顺利完成潜水不是一件轻松的事情，更不要说随时为别人提供救援了。所以一名合格的救援潜水员，应该拥有全套适合自己的装具，浮力标识及潜水刀都应配备在自己熟悉而且易于拿到的位置，并且定期对自己的装备做保养，确保在水下处于舒适且安全的状态。

很多人认为，潜水活动是在深水中的运动，非常危险，但是如果潜水员严格遵循合理的潜水计划，保持良好的身体健康状态，对自己和潜伴的装具了如指掌，并且不做超过自己训练水平的潜水活动，潜水其实是一项非常安全的活动。

【讨论】

（1）合格的救援潜水员应具备哪些素质？

（2）学习救援潜水员知识的最低年龄是多少？

（3）救援潜水员必备的装具有哪些？

（4）救援潜水员为什么要保持健康的体魄？

第二单元

潜水计划及安全

　　根据潜水员警示网(DAN)的数据统计，超过80%的潜水事故都源自人为的疏忽或失误，而且很多意外是由多个错误共同造成的后果，所以有一份完整可靠的潜水计划是保证潜水安全的第一道防线。

本单元学习内容：

一、潜水计划的制定

二、与潜伴确认潜水计划

三、潜水意外情况预防

四、潜水意外情况应对

五、急救用品准备

一、潜水计划的制定

潜水是一项脱离陆地环境的活动，在水里，潜水员依靠气瓶中的气体呼吸，依靠装具维持浮力从而进行水中的活动。即使是在同一个潜点潜水了很多次，依然有可能会遇到一些意外的状况，如果没有做出正确的判断和应对，就会陷入危险的境地。

潜水中可能遇到的意外状况，其实都是可以通过知识和经验预估出来的。潜水计划便是一个将可能遇到的意外状况及应该如何应对罗列出来的预案。

1．在熟悉的潜点进行潜水

在熟悉的潜点，救援潜水员如果了解当地的气候、海况、水下生物，那么可以与潜伴一起制定潜水计划，计划好水下深度、潜水时间和气瓶最低余气量。在潜水计划中，还应包含一份潜水侧面图（diving profile），上面按照潜水计划表规划好每日潜水的水底时长、水面停留间隔时间等重要信息。

救援潜水员除了掌握以上信息外，还需要在潜水计划中列出更详细的信息，如可能遇到的海洋生物，船上应当配备的急救设施及位置，当地救援中心的联系方式及海警等救援力量的联络方式。

除了常规的潜水计划外，救援潜水员还应该准备一份救援预案，根据将要进行的潜水方式，以及可能发生的伤害类型、将要进行的潜水类型，一一对应写出应该进行的救援活动方案。

2. 在不熟悉的潜点进行潜水

如果是在不熟悉的潜点进行潜水，就需要请教了解潜点的人，如潜导，来协助进行潜水计划的确认。告诉潜导，潜伴和自己的真实潜水水平及潜水经历，这有助于潜导判断得出合适的潜点，给出适应的潜水日志。

二、与潜伴确认潜水计划

常用的潜水手势见图2-1。

OK（水面近距离）

OK（水面远距离）

OK（水下）

下潜

　　　　图2-1（1）　潜水手势

有问题/不对劲

耳压无法平衡

我很冷

危险

所剩空气不多

空气耗尽

共享气源

和潜伴待在一起

图2-1（2） 潜水手势

安全停留　　　　　　　　　图2-1（3）　潜水手势　　　　　　　上升

2．对于双方能力的确认

　　如果您和潜伴已经配合潜水过多次了，彼此熟悉，那是最好的情况。这样能够在双方潜水能力范围内制定安全的计划。如果是不熟悉的潜伴或者在船上临时组队的队友，便需要互相开诚布公地谈一谈，分享自己的潜水经历和训练经历（图2-2）。

图2-2　在潜水前与潜伴进行有效沟通

　　潜水不是一项比拼能力的活动，而是为了让大家都感到安全、舒适而存在的，所以不用因为自己的经验不足感到不好意思而隐瞒自己的真实情况。安全永远是第一位的。

三、潜水意外情况预防

1. 什么是压力

　　对于很多人来说，在完全不熟悉的环境中潜水，是令人非常紧张的，即使是潜水经验丰富的潜水员也可能因为种种因素产生压力（图2-3）。如何辨识自己或者潜伴有压力，并且通过合理的方法对不良压力进行排解，是资深潜水员需要了解的，也是救援潜水员需要掌握的。

图2-3　有心理压力的潜水员

　　压力是由压力源和心理压力反应共同构成的。压力分为正面压力与负面压力，正面压力有助于人们潜力的发挥及提高心理兴奋感。负面压力易于导致意外的发生。

　　压力源是引起压力的一些因素，包括生理性压力源、精神性压力源以及社会性压力源。

　　生病、睡眠不足、疲倦、气温不合适、酒后的不清醒状态等，这些都属于生理性压力。

在不熟悉的潜水区域或者尝试不熟悉的潜水类型，对于没有经验的潜水员就可能会产生恐惧，这些都是精神压力源。

在不想进行潜水或者不适宜进行潜水的时候，为了不让潜伴失望，或者不好意思让大家知道自己的情绪而勉强进行潜水，会形成社会性压力。

潜水员有可能遇到单一压力，也有可能遇到多个压力，形成叠加性压力。

2. 压力辨识

潜水员的压力不会随着时间的推移而衰减，反而有可能越来越严重。有些潜水员能自己排解，而有些需要潜伴或领队帮忙。

救援潜水员不仅需要辨识自己身上的压力源，也应该能够及时发现潜伴是否存在压力。

如果潜伴出现以下状况，请引起注意：

突然变得沉默寡言或不停地说话；

不愿与他人讨论将要进行的潜水或可能遇到的水况、生物；

反复检查自己的装具或纠结于装具的适用性；

很容易做出情绪化的举动；

身体不适（图2-4）。

图2-4　出现生理反应的潜水员

3．压力处理

（1）潜水前压力。

做好潜水计划：一份好的潜水计划能够帮助潜水员减轻很大压力。潜水计划能帮助潜水员在潜水前详尽地了解所有可能遇到的水况及生物，充分了解自己潜水时会潜到什么深度、如何回程，以及遇到意外情况应该如何处理等内容。做一份好的潜水计划和潜水简报，是潜水前准备的第一项任务。

分清事实：在见到真正的鲨鱼时，有些潜水员可能会感到恐惧，但是当其知道看到的鲨鱼只有小臂长短时，潜水员便会自动消除压力。对自己的担忧不要感到不好意思，而应及时和领队或者资深潜水人士进行交流，排除自己的压力（图2-5）。

图2-5 潜水前潜水员之间的有效沟通

做好装具检查：在出发前确定装具合身并且可以良好使用，不要勉强自己用不合身的装具，以免出现意外状况。对自己及潜伴的装具要非常熟悉，这能在意外发生时的第一时间提供援手，让自己和潜伴都充满安全感，也能消除在装具方面的心理压力。

（2）水下压力。 潜水前的压力会延续到水下，而且随着时间的增长可能会越来越严重。即使潜水前没有压力，也有可能随着潜水环境的改变而产生压力。

出乎意料的低温、水下的低能见度、在水下筋疲力尽、面镜进水、耳压无法平衡、与潜伴失散等情况都会为潜水员带来压力。

在水下如果发现潜伴变得呆滞、紧张，或者打出"有问题"的手势，救援潜水员需马上进行应对，以免潜伴变为"恐慌"潜水员。

当"遇到问题"时，"问题"潜水员要向潜伴靠拢，示意自己遇到问题；如果是潜伴遇到问题，向领队示意暂时停止前进（图2-6）。

图2-6　潜水手势：示意"停止"

4．恐慌潜水员

潜水中，一种棘手的状况是，潜水员由于压力不断累积，而形成恐慌。恐慌状态的潜水员非常容易陷入危险，也会给其他潜水员带来危险。

（1）**恐慌潜水员征兆**。有些恐慌潜水员很好辨认，他们双眼瞪大，面部表情明显恐惧，呼吸急促，动作夸张而慌乱，明显无法控制自己的举止，可能会慌乱地扯掉自己的面镜和调节器，对于别人在眼前给他们打的手势完全没有回应。如果是在水下，潜水员会出现突然极度渴望回到水面的需求；如果是在水面，潜水员会无法正常建立正浮力，大力挣扎，双臂挥舞，瞪大恐惧的双眼（图2-7）。

图2-7 恐慌潜水员

而有些恐慌潜水员则没有那么容易辨认，他们会突然停止动作，呆呆地对手势没有任何反应。

注意仔细观察您的潜伴是否有以上两种情况，尤其是第一种情况的潜水员，他们已失去理性判断的能力，贸然接近他们可能会给自己带来危险。

（2）水下恐慌潜水员的处理。潜水员在水底出现恐慌情况有可能是由于装具故障，或者看到了令自己恐惧的生物。有时是因为体力消耗过度，或者被海底什么东西缠绕或卡住。经验不足的潜水员也有可能在发现和潜伴们失散时发生恐慌。

如果在水下发现潜水员双眼惊恐地瞪大，手忙脚乱，又有着向水面上升的趋势，基本可以判断他已成为恐慌潜水员。这时应想法帮助他快速排除压力，让他冷静下来进行深缓呼吸，并在安全速度范围内缓慢上升至水面。

（3）水面恐慌潜水员的处理。潜水员在水面出现恐慌往往是因为无法保持正浮力，忘记给BCD充气，没有办法在水面保持漂浮状态，所以会拼命挣扎将头露出水面（图2-8）。

图2-8　水面的恐慌潜水员

　　有时因为浪大无法呼吸，过紧的防寒衣或呼吸不畅的调节器会让潜水员感觉呼吸困难，这种情况也会让潜水员感到恐慌。

　　在应对水面恐慌潜水员时，最重要的一点是切记恐慌潜水员都是失去理性判断能力的，他们会想尽一切办法让自己露出水面，贸然靠近他们会让自己也陷入危险中。所以在面对恐慌潜水员时，首先要注意与其保持一定距离，判断他是否有可能冷静下来。

　　根据当时的情况考虑采取递送漂浮物等方式，在此期间将调节器握在手中，随时准备下潜至水面以下，并且保持向恐慌潜水员喊话，要求他丢弃配重，将BCD充气。

四、潜水意外情况应对

　　不要与潜伴失散，要遵守潜伴守则，与潜伴保持安全距离。如果不小心与潜伴失散，要立即执行潜水员失散程序，并留心周围环境以及头顶上方是否有船只。

　　要警惕压力和恐慌的征兆，在压力初期便要想办法处理，在情况变糟之前解决问题。

五、急救用品准备

在计划潜水时，应根据计划进行的潜水类型和环境准备相应的急救用品。身为救援潜水员，上船时检查急救用品是任务之一。如果不确定船上是否有足够的、适合的急救用品，最简单的方法是自己准备一套急救用品。

很多潜水中心会有潜水急救包售卖，如果买不到合适的成品，可使用普通家庭用的急救包，再加上一些特定的用于潜水的急救用品，便是一套很好的潜水急救包了。

潜水急救包和普通家庭用急救包的区别主要是外壳的防水性。潜水急救包的外包装的材质是塑料防水材质，或者在外再套一层塑料袋。在急救包最外层贴上明显的标识（如一个大大的红色十字），让船上的同伴们都能轻易找到它。平时也要记得经常补充物品，注意医疗物品的有效期，及时更换过期的物品。

【讨论】

（1）当遇到水面恐慌潜水员，处理步骤有哪些？

（2）最佳处理压力的时机是潜水前、潜水中还是潜水后？为什么？

（3）在水中发现潜伴有受到压力的症状（如呆滞或紧张），此时最佳的处理方式是什么？

（4）为什么救援潜水员最好准备一份便携潜水急救包？

第三单元

水下紧急情况应对

　　在遇到意外情况时人人都会感到紧张，而救援潜水员课程的意义就是对潜水员可能遇到的情况做模拟练习，让潜水员熟悉在水下遇到情况时的应对方案，形成肌肉记忆，才不容易在真正遇到意外时陷入恐慌。在了解自己为什么恐慌及如何应对的基础上，潜水员也会更容易了解如何帮助潜伴摆脱同样的状况。

本单元学习内容：

一、　人为因素导致水下紧急情况

二、　装具导致水下紧急情况

三、　潜水计划导致水下紧急情况

四、　环境导致水下紧急情况

五、　如何处理水下出现问题的潜水员

一、人为因素导致水下紧急情况

1. 空气耗尽

一份合理的潜水计划包含如果遇到意外情况的处理方法，当氧气耗尽时如何处理。当氧气耗尽时，潜水员可以依靠潜伴，利用开放水域潜水员课程中学习的气源共享技巧，共同上升至水面。氧气耗尽的潜水员需要向潜伴做出"氧气耗尽"、请求"共享气源"的手势，引导潜伴将备用气源递给自己。同伴要用右手抓牢氧气耗尽潜水员的肩部或胳膊，等待氧气耗尽的潜水员做调节器排水。当两人向对方示意"OK"后，左手高举BCD充排气阀放掉气体，确定顶部无危险障碍物后看着潜水电脑表缓缓上升。到达水面后两人都要立即建立正浮力漂浮在水面。

> **小贴士**
>
> 在做好合理潜水计划的同时，准备好一支备用气瓶会为潜水员增加安全系数。一般小型备用气瓶外身会有显眼的黄色。

2. 参加的潜水活动超出了自己的培训范围

开放水域潜水课程一再强调，不能进行超出自己培训范围的潜水。如果没有进行过沉船潜水的培训，就不可以进入沉船内部进行参观；如果没有进行过封闭环境潜水的相关训练，也不可以进行无法直接上升到水面的潜水。

进行不熟悉类型的潜水，可能会因为在水下无法熟练操作某种装具而陷入危险。即使是感到紧张，水下环境中会加倍放大这种紧张，从而引起压力或者恐慌。

图3-1　在安全水域进行学习的潜水员

所以每当学习了新的潜水类型，第一次潜水应当和教练或者资深潜水员一同进行（图3-1）。

3. 身体原因

（1）**疲惫**。疲惫是潜水员经常遇到的问题，虽然说自携式潜水不是一项竞技运动，而是休闲享受的活动，但是水中活动会让潜水员耗费很多的体力。尤其是逆流前进，需要更多的体力支持。

疲惫会让潜水员容易将目前的状况往更坏的方向评估，此时，潜水员有可能会变成恐慌潜水员（图3-2）。

图3-2 疲惫潜水员

当潜水员在水下感到疲惫时，应示意潜伴等待自己，放松心情，深呼吸摄入更多氧气，必要时可以抓住身边的礁石，调整好自己再继续前进。

（2）呕吐。有些潜水员容易晕船晕浪，这种感觉在下水后会缓解很多。如果依然不舒服，感觉想呕吐，不要觉得不好意思，直接吐出来便好。可以拿开调节器，呕吐完后再把调节器放入口中，甚至可以直接吐在调节器中，调节器的设计是可以将你的呕吐物像呼出的空气一样通过阀门排出去。

如果吐完依旧感觉不舒服，或者无法再坚持潜水，应示意潜导和潜伴，结束此次潜水。

（3）心脏或肺部不适。如果在潜水中感到心脏或者肺部不适，一定要立即示意潜导和潜伴中止潜水，回到水面后请船员或潜伴留心自己的情况，必要的话用吸纯氧的方式缓解。如果有条件，应该去医院进行相关检查。

（4）呼吸困难。水下呼吸困难最容易引起恐慌，特别是在深海中，过度劳累和体重严重超标的潜水员都有可能会遇到呼吸不畅的情况。缺氧会逐渐增加体内二氧化碳的累积，让潜水员更加疲劳并且呼吸加速，急促的呼吸会加重潜水员的紧张情绪。

（5）**偶发性不适。** 有时潜水员会因无法平衡耳压或其他原因突然感到紧张，抽筋也是潜水员在水下会遇到的问题。

（6）**受伤。**不要触碰海洋生物。如果在海底不小心擦伤、割伤、扭伤，须立即结束潜水，保持安全速度上升到水面后求援。

二、装具导致水下紧急情况

1. 装具缺乏维修保养

潜水装具是潜水员在海底赖以生存的生命支持设备，在潜水过程中潜水装具突然失效是造成潜水员恐慌的一大原因，而定时维修保养的潜水装具能够有效避免这种情况的发生（图3-3）。在潜水前要认真检查自己和潜伴的装具。

图3-3 冲洗装具

2．装具不适用于当前的潜水环境

当潜水员在沉船、海藻林或周围有不少鱼线渔网的环境中潜水，很容易被缠绕或卡住。这时需要一把潜水刀摆脱困境。如果没有潜水刀，也不要慌张，更不要挣扎，这只会让缠绕更紧更难以打开。这时，应该示意潜伴，请潜伴过来帮助自己脱离险境。

如果在潜水中遇到装具的不适用问题，需要及时示意潜伴，请求潜伴的帮助。而最好的解决方法是通过潜水计划避免这些，在做潜水计划时要充分了解潜点的环境潜点特征，并规划好相应的装具。

3．装具不适合潜水员

过大或者过小的装具都可能会引起很多问题，过大的装具有脱落的危险，而过小的装具会造成呼吸不畅，救援潜水员应该有一套适合自己的全套潜水装具（图3–4）。

图3–4　潜水员的全套装具

装具不但要合身，而且应适合当前的潜水环境。如果在热带水域使用7厘米的湿衣，很可能会中暑或脱水；而在寒冷水域甚至冰水区域使用保暖效果远不如干衣的湿衣系列，有可能会使潜水员冻僵而引发意外。在低于19℃的水域，很多潜水员都会选择干式潜水服防寒。

潜水员应按照厂商的推荐对装具进行定期的维护保养，每次潜水完成都认真清洗装具并妥善收纳。同时应该反复练习开放水域潜水中的规定动作，在装具发生故障或意外的情况下能第一时间完成自救。

如果判断装具确实出现故障，应该及时停止本次潜水。

三、潜水计划导致水下紧急情况

1. 缺乏对潜点合理评估

一份好的潜水计划会让潜水行程变得轻松又有趣，而一份不适合的潜水计划会让潜水行程在开始之前便蒙上阴霾。

在制作潜水计划时，应该对潜点进行充分评估，如是否适合潜水员的水平，天气是否适宜，等等。

2. 缺乏备用方案

在潜水中我们会遇到一些意外的情况，例如，突然发现水况环境变化或者装具故障。因此，潜水计划应该包含各种可能发生的意外情况的应对措施，永远保证自己有备用方案。比如在潜伴失散的情况下，"备用方案"是原地寻找潜伴一分钟后若无果便放弃潜水；在面镜带突然断掉、气瓶O圈泄漏的情况下，"备用方案"是多带一些配件来进行更换。

在潜水计划中写好备用方案，并且确保所有潜水员都熟悉这些备用方案，能大大提高潜水的安全性。

四、环境导致水下紧急情况

潜水要和各种海流打交道，甚至会遇到激流。持有放流潜水执照的潜水员在可控的水流中进行潜水是一种享受，但是过大的流速或者上升流、下降流、离岸流等特殊情况下的水流对潜水员有着很高的要求，不要贸然挑战自己能力范围以外的潜水环境。

五、如何处理水下出现问题的潜水员

1．自己在水下感到紧张

在水下感到紧张时应停止潜水，进行缓慢而深长的呼吸。同时，示意潜伴或领队请求救援，原地等待。如果不是中性浮力状态，建立中性浮力，注意要一小点一小点地充气，避免因反应滞后而充气过度飘向水面。试图分析出现问题的原因并根据潜水计划来排除隐患项。

2．发现潜伴在水下紧张慌乱

发现潜伴在水下紧张慌乱时应示意潜伴先停止潜水，进行缓慢而深长的呼吸。同时示意领队潜伴有问题，请全队停止前进。如果潜伴不是处于中性浮力状态，示意潜伴建立浮力。帮助潜伴冷静下来分析出现问题的原因。耐心等待潜伴处理问题，必要时施以援手。

3．尽力不让紧张潜水员发展成恐慌潜水员

在潜水课程中我们一直在学习如何应对潜水中可能遇到的各种情况，这些教育经历和不断重复的练习帮助我们在水下形成条件反射从而应对潜水中的突发情况。

但是恐慌潜水员往往会失去理智和自我控制，完全无法重复之前训练中的应对措施，这种情况对于潜水员本身以及试图对他施救的人来说都是危险的。所

以救援潜水员要努力避免这种情况的发生，尽力将自己或其他潜水员控制在"紧张"阶段，而不要恶化为恐慌潜水员。

恐慌潜水员不同于紧张潜水员，恐慌潜水员最有可能做的事情是尽快浮出水面，或者干脆恐惧地失去了反应能力。这时贸然接近恐慌潜水员可能会被其碰掉面镜或调节器，让施救潜水员也开始紧张。所以遇到水下突然陷入呆滞的潜水员，先打手势确认对方是否"OK"，根据情况判断是否接近他进行施救（图3-5）。

图3-5　潜水手势

【讨论】

（1）造成水下恐慌的因素有哪几大类？

（2）如果发现潜伴突然陷入呆滞，应该如何行动？

（3）如果突然发现自己因某些原因陷入紧张，应该如何处理？

第四单元

水面紧急
情况应对

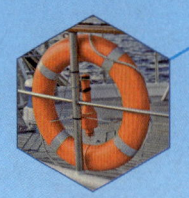

在水面上进行救援的基本动作与在陆地上大同小异，但是由于环境不同，还是要根据周围的情况做出对应的改变。

水面救援非常重要的一点，也是所有救援活动中反复强调的原则是：先保证救援者自己的安全，再进行施救。

施救人员需要对周围环境、水况、自己的身体条件、可以利用的辅助工具等进行评估，最终选择出最安全的方案。

本单元学习内容：

一、水面救援技能

二、水面人工呼吸

三、如何帮助求救潜水员脱离水面

四、受伤的潜水员

一、水面救援技能

1．潜水员有意识，距离岸边不远

当求救潜水员尚有意识并且离岸边的距离较近时，可以借助长杆等潜水员可以抓住的物品，将潜水员拖回陆地；或者扔出船上常备的救生圈，让潜水员抓住它漂浮在水面（图4–1），然后救援者在岸上拉动拴在救生圈上的绳子将潜水员拉回岸边（图4–2）。

图4–1　丢救生圈来施救

采用此种方法的施救者要注意不要被反拉入水中，必要时一手拉动潜水员，另一手抓住岸边或船上的固定物品，如拴船的缆桩等。

图4-2　拖动绳子

小贴士

　　船上或者岸边一般都会准备漂浮物品，最常见的是救生圈（图4-3）。在有条件的情况下最好的选择是携带漂浮物品进行施救，这样施救者可以避免与被救者直接接触。漂浮物品会给被救者安全感，能够帮助他平静下来。

图4-3　救生圈

2. 潜水员有意识，距离岸边较远

当求救潜水员有意识，但是距离岸边比较远时，便无法使用抛掷救生用品的方法，需要施救者进入水中进行救援。此时，如果施救者没有穿着自携式装具，则需请他人关注求救的潜水员，自己迅速穿着面镜、呼吸管和蛙鞋，跨步入水后保持头部露出水面，向求救者游去。如有救生圈等辅助物品，需携带入水（图4-4）。

在游动过程中，如果岸上有其他人，请岸上人帮忙一直关注求救者，以免求救者力竭下沉后失去行踪。

当接近求救者时，不要贸然靠近，需保持一定距离，确认求救者状态，大声向对方确认"请将BCD充气，丢掉配重带/袋"，观察对方反应。处于恐慌情形下的潜水员可能没有办法发现施救人员的接近，可以一边喊话一边大幅度挥舞手臂引起对方注意。

如果求救者听到施救者的喊话后能将BCD充气，抛弃配重，则可以询问对方遇到什么问题，并让他放松仰漂在水面，将他拖拽回岸边或船边。

图4-4　带着救生圈接近被救援潜水员

如果求救者听到施救者的喊话后无法冷静地将BCD充气，并试图靠近施救者，这时施救者要做好准备随时向后撤退，并将救生圈推向求救者（图4-5），然后自己迅速向后游动，避免被求救者抓住。这时如果被求救者抓住，求救者会本能地攀附在施救者身上，将施救者拖入危险的境地。如果求救者抓住施救者推过来的救生圈，让他漂浮在水面，会缓解他的恐慌心情。

图4-5　将救生圈推向被救援潜水员

3. 潜水员有意识，施救者没有漂浮物使用

当求救潜水员有意识，而施救者正好穿着自携式装具时，水面救援便会简单很多。如果有救生圈，施救者还是要将救生圈拿在手中；如果没有，施救者也可以空手游向求救者。仍然需要注意的是，施救者目光不可以离开求救者，将头露出水面游向求救者，保持一定距离向求救者喊话"请将BCD充气，丢掉配重带/袋"，观察对方反应。

如果潜水员冷静照做，则可以将自己的BCD充满气，缓缓接近对方，并且做好随时后撤的准备。两个人的BCD都充满时会有足够的浮力使两个人浮在水面，施救者可将求救者拖带回岸边或船上（图4-6）。

　　如果潜水员无法冷静地按照指示行动，并且试图靠近施救者，这时施救者可以将调节器放入口中，将BCD中的气体放掉下潜至水面下，求救者便不会攀附到施救者身上。

图4-6　将冷静后的潜水员拖回岸边

图4-7　从下方绕到被救援潜水员身后

这时施救者可以游到求救者背后，双腿夹住求救者的气瓶预防其转身，帮助求救者将BCD充满气（图4-8），然后将自己的BCD也充满气，同时向他喊话"冷静，冷静，没事了，没事了"。

图4-8　绕到对方身后用双腿夹住气瓶帮他的BCD充气

如果在下潜前就被恐慌潜水员抓住，应该先摆脱他的纠缠，在他扑来时用离他较近的那只手抓住他的手腕，另一只手推动他的手肘或肩部，让他在推动下转动身体，从而远离。

一般来说如果能帮助潜水员建立正浮力漂浮在水面，潜水员会慢慢地从恐慌状态中出来（图4-9）。

图4-9　将疲惫潜水员拖回岸边

4. 疲惫潜水员

有时潜水员回到水面发现自己远离潜水船，有时甚至是远离自己的预定出水点，这时有可能会需要潜水员游回预定出水位置。当在水面的潜水员无法想起建立正浮力，或者配重过重，无法保持轻松漂浮在水面的状态，或者水面波浪较大游动困难时，都可能使疲惫潜水员发展为恐慌潜水员。

所以在变恐慌之前要调节自己的心态，深呼吸放松身体，尝试建立正浮力漂浮在水面，必要时可以丢弃配重。如果出水点离潜水船很远，或者水面浪太大实在无法游动，可以向潜水船发送信号，等待船只救援。

5. 抽筋潜水员

如果潜水员发生抽筋情况，应先建立正浮力，漂浮在水面，再自己解除抽筋状况（图4-10）。

图4-10 在水面自我解除抽筋

　　如果自己没有办法解除抽筋状况，应先建立正浮力，再以仰漂的姿势躺到水面休息，同时请求其他潜水员的帮助（图4-11）。

图4-11 在水面请求其他潜水员帮助

二、水面人工呼吸

对于失去意识的潜水员需要尽快将其带离水面运送到船上或者岸上，并且需要在水面快速熟练地对其实施人工呼吸（图4-12）。

图4-12　水面人工呼吸

首先判断是否有条件实施人工呼吸，如果环境过于恶劣或者存在危险因素等则不适合实施人工呼吸。

小贴士

在潜水员到达水面时应将潜水员正面朝上，观察潜水员胸口，看是否有起伏，如果潜水员皮肤已呈现青紫色，说明他已无法呼吸。

其次，将被救者正面朝上，摘掉其面镜，解开胸前快卸扣，观察胸口是否有起伏。再摘掉其调节器（图4-13）。

图4-13　摘掉被救援潜水员的调节器

如图4-14、图4-15所示，如判断被救者失去呼吸，则越早施救越有可能抢救成功。如果有口袋型面罩，则尽量使用口袋型面罩进行施救；如果没有，便进行人工呼吸。将手上的水甩干，捏紧被救者的鼻子，将被救者的口部完全覆盖，先向里吹两口气，然后以每10秒左右一次的呼吸速度对其进行呼气；口中可以以均匀速度重复计数，一手牢牢拖住被救者的脖颈使其头部始终露出水面，一边进行人工呼吸，一边脱掉对方装具，同时不停地游向陆地。

图4-14　救援过程（1）

要记住每次捏被救者鼻子前都要尽量甩干手上的水，不然手上流下的海水有可能会阻塞被救者的呼吸。

图4-15　救援过程（2）

　　将空气吹入被救者的肺部并没有办法将氧气输送到被救者的全身，因此，在水中是无法实施心肺复苏术的。所以如果判断实施人工呼吸会影响被救者运送至陆地的时间，或者判断被救者心脏已停止跳动，应优先考虑将其运送至陆地实施心肺复苏。

　　在水面实施人工呼吸并不是一件容易的事，需要救援潜水员认真学习技能并在平时做大量的练习（图4-16）。

图4-16　水中人工呼吸

小贴士

　　在脱除被救者的装具时，蛙鞋和潜水服不必脱除，应最后再脱掉BCD。

三、如何帮助求救潜水员脱离水面

1. 水面拖带方法

一般来说水面拖带方法有以下三种。

（1）仰面拖带法。施救者抓住被救者的一级头，使被救者仰漂在水面上尽量保持流线型，施救者倒游回目的地，要不时回头校正前进方向（图4-17）。

图4-17 仰面拖带法

（2）推动拖带法。施救者将被救者双腿扛在肩上，向前游动推动被救者前进。被救者仰漂在水面上，尽量保持流线型。施救者只需正视前方便能校正前进方向（图4-18）。

图4-18　推动拖带法

（3）**侧面拖带法**。施救者在被救者身侧，手从被救者腋下穿过，抓住被救者的一级头或者其BCD的领口，拖带被救者前进（图4-19）。

图4-19　侧面拖带法

在水面拖带潜水员时，要和他保持沟通并一直安抚他。在移动期间尽量要求他将调节器保持在口中，面镜也戴好，这样能防止他呛水重新陷入恐慌。

2. 转移至船上或岸上

疲惫潜水员在到达岸边或船边时应先上船/上岸，水面支持人员可以对其进行助力帮助，必要时可以在水中先脱掉装具再上船/上岸（图4-20）。

水中人员应远离疲惫潜水员下方区域，疲惫潜水员有可能会没有力气支撑自己到达陆地而掉回水中。

图4-20 协助疲惫潜水员上岸

无意识潜水员需要潜伴和水面支持人员共同协助其到达陆地。可以根据不同的水况采取不同的登陆方法。

（1）如果是靠近岸边的浅水区域，可以在水中趁着有浮力时候将无意识的潜水员扛在肩上带到岸边。此种方法适用于施救人员力气较大且被救人员体重适当的情况下（图4-21）。

图4-21　靠近岸边的浅水区登陆

　　如果施救者力量不够大，可以在有浮力的水域，交叉双手握住被救者的双腕，在转身的同时翻转被救者使其落在自己背上，然后采取背负的姿势上岸。这种方法较为省力，但是在施救者比被救者身高矮很多的情况下会比较困难。

　　（2）高度有落差的岸边。如果是高度有落差的岸边，如泳池边，并且没有其他人员协助的情况下，施救人员应该先将被救人员两手交叠放于岸边（图4-22、图4-23），用一只手压住被救人员两手进行固定，另一只手撑在泳池边，用力将自己撑起，爬到岸上。

图4-22　双手交叉侧面图

图4-23　双手交叉正面图

（3）**帮助无意识潜水员爬梯子**。如果被救人员已失去意识，但是需要爬梯子才能到达陆地，此时施救人员应将被救人员双臂挂在自己肩上，采取拥抱的姿势，用爬梯子的腿支撑被救人员身体，抱着被救人员爬梯。

四、受伤的潜水员

在水面，船只不仅是运载潜水员的工具，也是可以造成潜水员受伤的危险源。在潜水区域一般会有显眼的潜水旗帜表示"周围有潜水员，请减速并不要靠近此区域"，来警示来往船只。在潜水前请确认当地对于潜水标识的具体要求，遵照执行。

在上升和下潜的过程中要随时注意周围船只的情况，出水点一般都会选择在离船只有一段距离的水域，然后缓慢靠近停止的船只。

不小心受伤的潜水员，无论是否流血，都应立即脱离水域，到岸上或陆地进行治疗，在水中会加重受伤者的伤情。

【讨论】

（1）实施水面救援之前的判断过程中，应首先注意什么原则？

（2）在水面施救的过程中，如果需要脱掉装具，最后一件脱掉的装具应该是哪件？为什么？

（3）如何避免船只螺旋桨这一潜在危险因素？

（4）如果装具出现故障，是否应该继续此次潜水？

第五单元

岸上急救

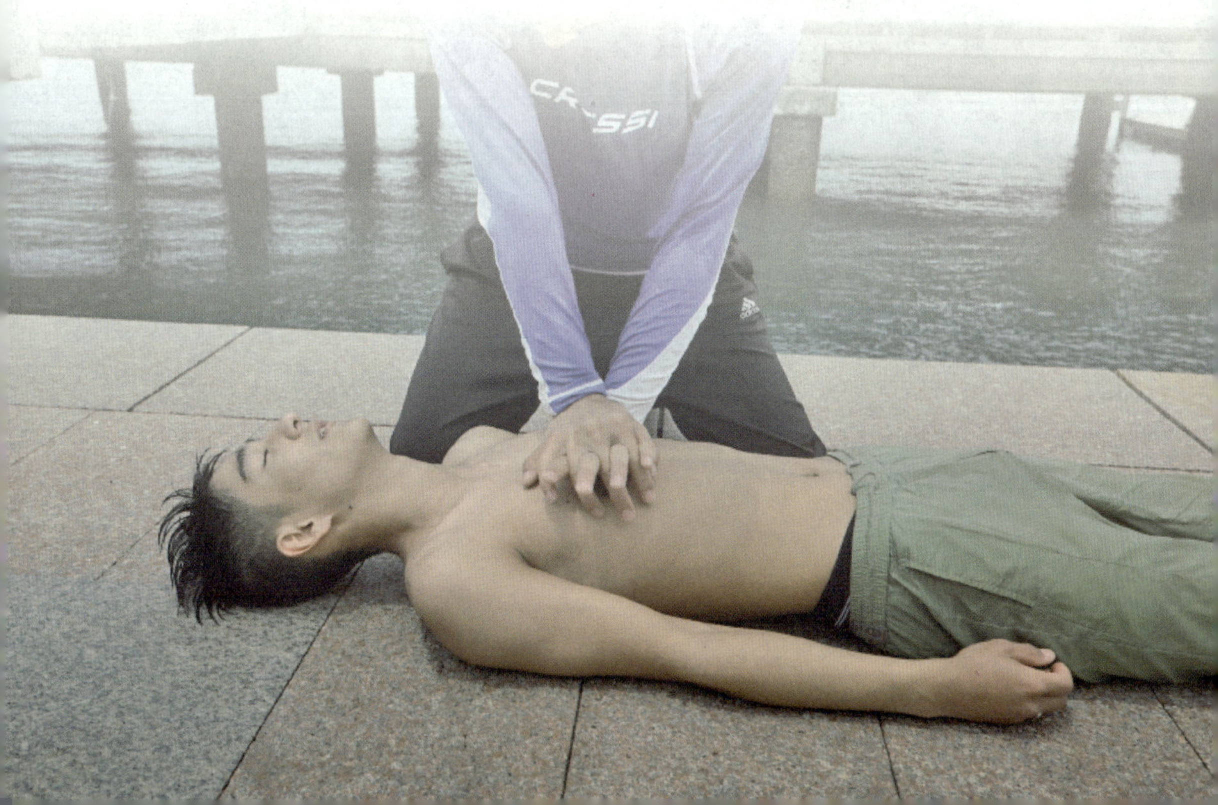

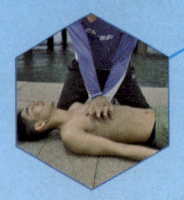

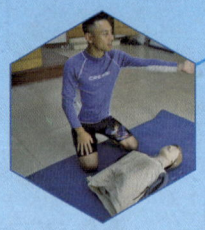

　　将人员救上岸后检查是否有意识，是否有失温情况。如果失去意识，需要实施岸上急救。

本单元学习内容：

一、心肺复苏术（CPR）

二、打开气道和人工呼吸

三、止血技术

四、溺水

五、急救用品准备

一、心肺复苏术（CPR）

1. 心肺复苏术的定义

心肺复苏术（Cardiopulmonary Resuscitation，简称CPR）是指对于早期心跳呼吸骤停的被救者，通过胸外心脏按压、人工呼吸或者电除颤等方法，恢复其自主心跳和自主呼吸的急救技术。

心肺复苏术主要通过急救技术促进血液循环，使血液可以携带氧气到达人体重要器官，尤其是脑部，保障人体基本功能，为进一步复苏创造条件。

心搏骤停一旦发生，如得不到及时抢救，4到6分钟就会造成人体重要器官组织的不可逆的损害，所以CPR需要及时执行。

小贴士

现代CPR技术是在20世纪50年代晚期到60年代早期开始发展的。1963年，美国心脏协会（AHA）成立CPR委员会，展开CPR研究。并且由美国心脏学会（AHA）和其他一些西方发达国家复苏学会每五年更新一次"国际心肺复苏指南"。2005年，美国心脏协会提出的"四早生存链"（早呼救、早复苏、早除颤、早期高级生命支持）推广至全世界。2010年，美国心脏学会（AHA）和国际复苏联盟(ILCOR)发布最新心肺复苏和心血管急救指南，将"四早生存链"改为"五个链环"（早呼救、早复苏、早除颤、早期高级生命支持、心搏骤停后综合救治）。

2．心肺复苏术步骤

2010年之前心肺复苏术的主要步骤是ABC，即A(Airway气道)，B(Breathing人工呼吸)，C(Circulation胸外按压)。自2010年改为CAB，具体操作步骤分为以下几步。

（1）评估环境安全。

评估施救环境是否安全，被救者所处环境是否适合进行心肺复苏活动。若周围有电源或坍塌等危险因素，则不适合直接施救，应快速脱离危险环境。在水中的被救者应先将其拖至岸上坚硬地面进行施救，河边淤泥、沼泽等地面也不适合进行施救，同样需要先帮助被救者离开现有环境。

除了要注意被救者周围环境是否有危险外，还要事先判断造成被救者现在状况的危险源是否已消除，在施救前必须首先保证施救者自身的安全。

在与被救者进行接触前（尤其可能接触到被救者的血液、体液、呕吐物等），请先尽可能对自己身体暴露的部分进行防护，用眼镜、墨镜对眼部进行保护，戴上可以找到的干净手套，如有条件，使用呼吸面罩。

（2）判断被救者是否还有意识。

轻拍被救者肩膀，同时对其进行呼唤（此过程中严禁移动、晃动被救者头部）。如果被救者对呼唤有反应，则判定为清醒，要继续观察；如果没有则判定为昏迷，进行下一步骤（图5-1）。

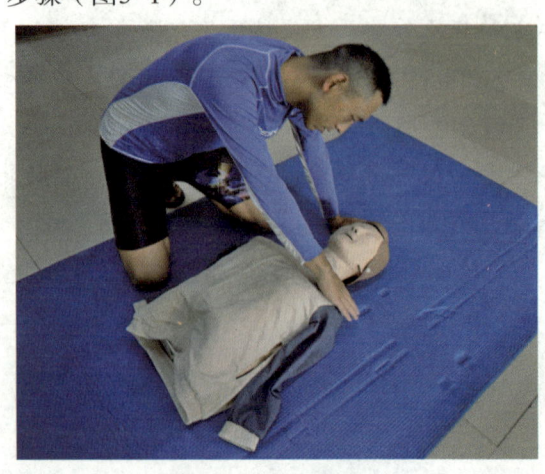

图5-1　呼唤被救者

在进行下一步骤之前，无论被救者是否清醒，你都需要自报身份，如"您好，我是一名急救员，现在是否允许我为您实施CPR？"如果被救者拒绝被施救，则不可实施心肺复苏。

（3）**发求救信息**。

高声呼救，请附近的人帮忙打急救电话进行求救。明确指示周围某一个人"请马上拨打120请求救援！"（此处120为当地救援中心号码）。然后询问是否有人能协助你一同进行心肺复苏（图5-2）。

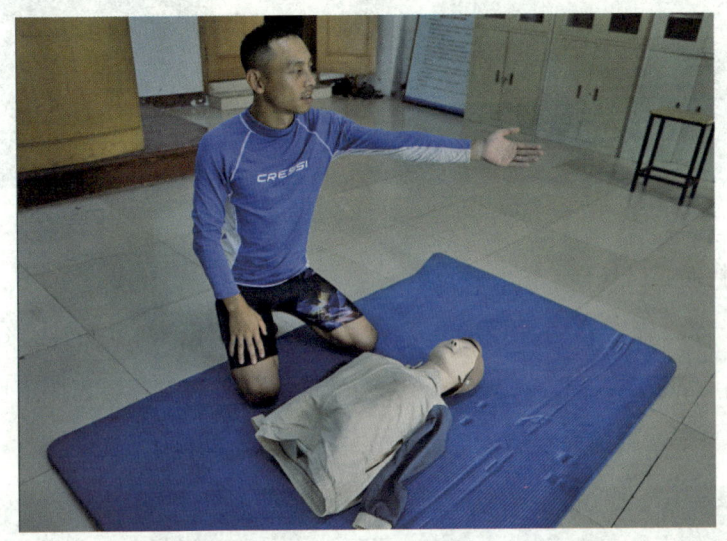

图5-2　明确请求某位人拨打急救电话

（4）**判断心跳和呼吸**。

一只手微微用力按被救者前额，另一只手的食指和中指顺着被救者喉结位置，向外移动至颈部侧面气管和肌肉之间的部位，按压看是否能感觉到颈动脉，判断呼吸（图5-3）。

判断呼吸的方法是"一看二听三感觉"，维持判断心跳的姿势，将耳部贴近被救者嘴部，侧脸看被救者胸部是否有起伏，听被救者是否有呼吸的声音，脸颊接近被救者口鼻感受是否有气流（脸颊是较敏感部位，较容易感觉到轻微的气流）。

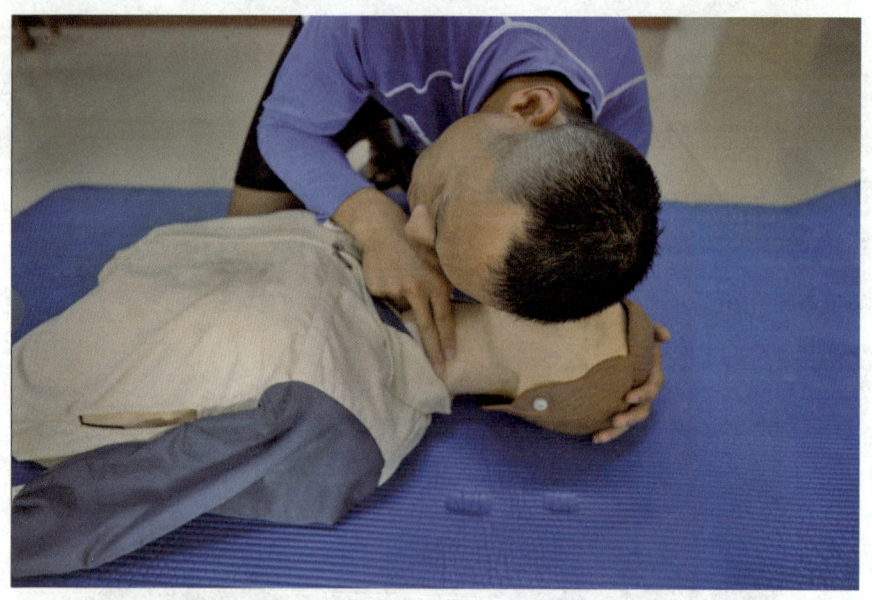

图5-3　判断被救者呼吸心跳

（5）**胸外心脏按压**。

按压位置的确定有两种方法。第一种是在上胸部，两乳头连线正中位置；第二种是沿肋骨边缘向上摸，找到两边肋骨连接的剑突位置，再向上两横指的宽度，用另一只手掌根部放在确定位置上方，就是按压部位（图5-4）。

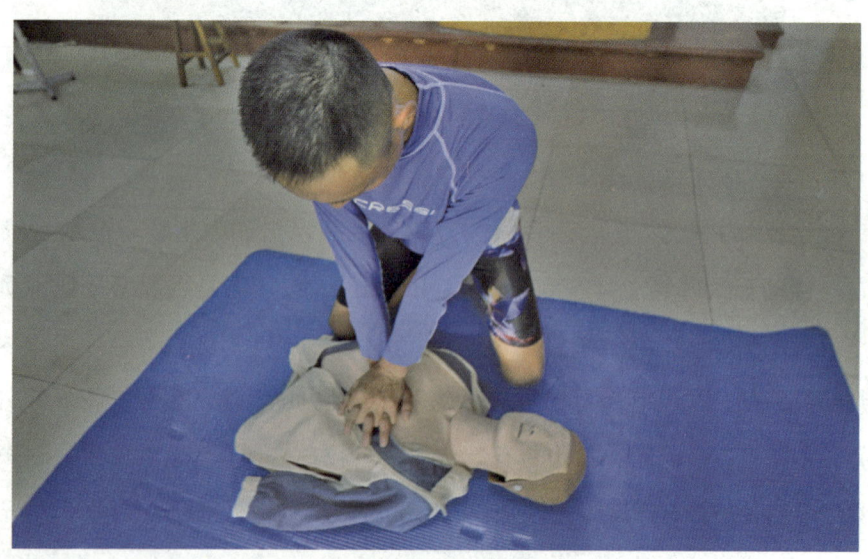

图5-4　确定按压部位

双手掌根重叠，手指互扣翘起，双臂垂直于地面不可弯曲。肩头应在被救者胸部正上方，腰挺直，用整个上半身的重量垂直下压被救者的胸廓（图5-5、图5-6）。

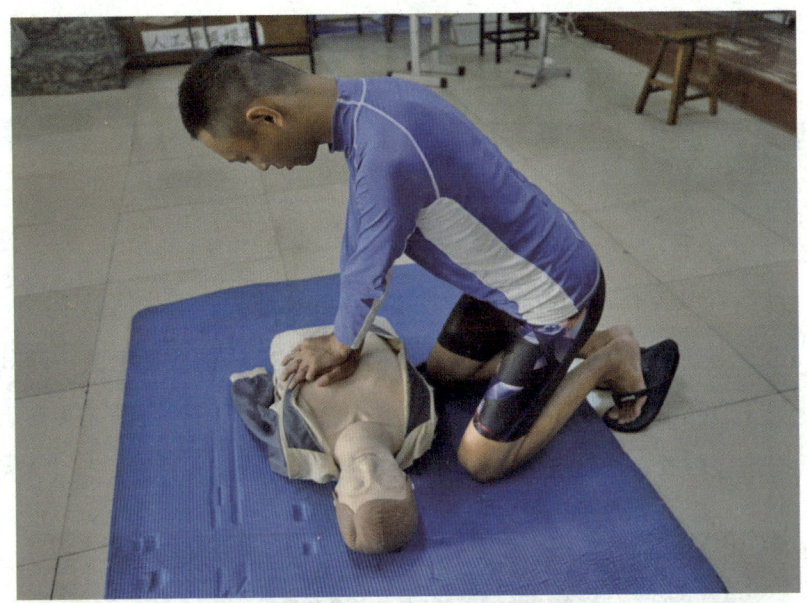

图5-5　心肺复苏姿势侧面

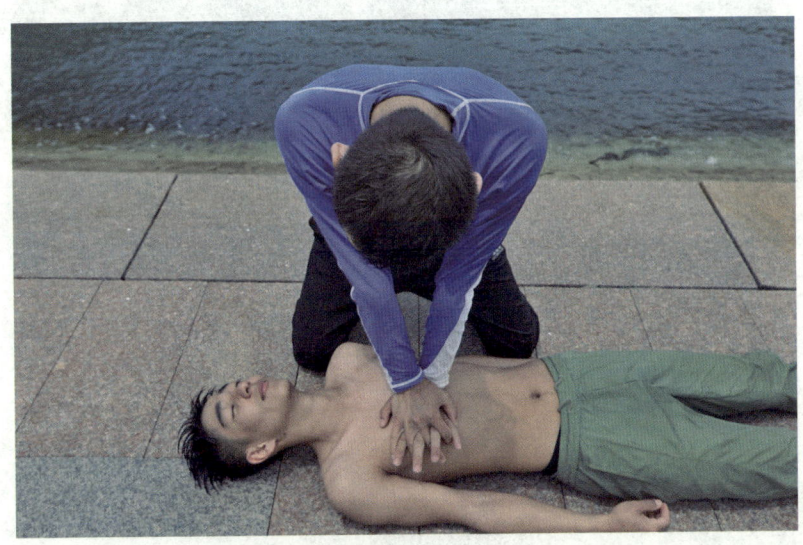

图5-6　心肺复苏姿势正面

对成人进行按压时每分钟不能少于100次，按压频率要匀速，手掌始终贴着被救者胸部，不可以离开被救者的胸廓。为了保持按压频率不变，按压时口中应该匀速数数。注意胸廓下陷深度至少5厘米才算有效按压，也应控制力度避免按断被救者肋骨。

二、打开气道和人工呼吸

1. 打开气道

打开被救者口腔查看是否有异物，如有呕吐物或异物要先清除干净。

跪在被救者身侧，一只手的手掌侧边稍微用力按压被救者额头，使其头部后仰；另一只手食指和中指在被救者下巴骨头处抬起其下巴，协助其头部后仰，打开气道，拇指轻轻放在被救者唇部下方，微微用力使被救者口部微张（图5-7）。

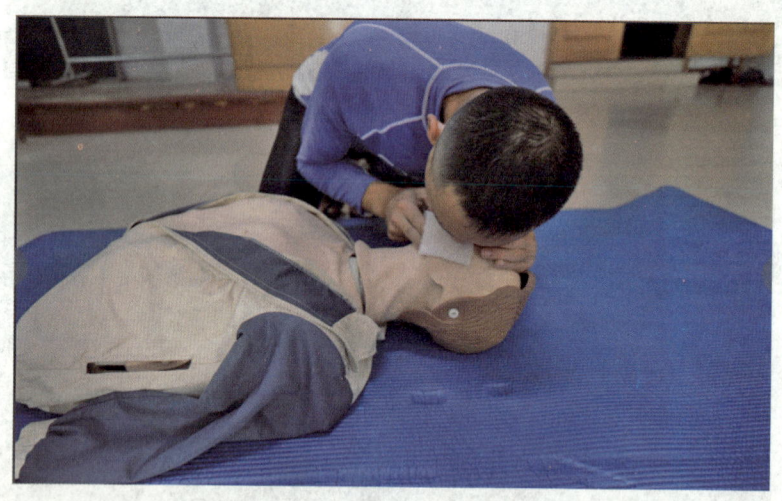

图5-7　第一种打开气道的方法

小贴士

打开气道时，动作要轻柔但迅速，并且在心肺复苏的全过程气道要始终保持打开状态。在打开气道时食指和中指尽量施力在骨头处，指尖不能施力下压，避免造成气道阻塞或窒息（图5-8）。

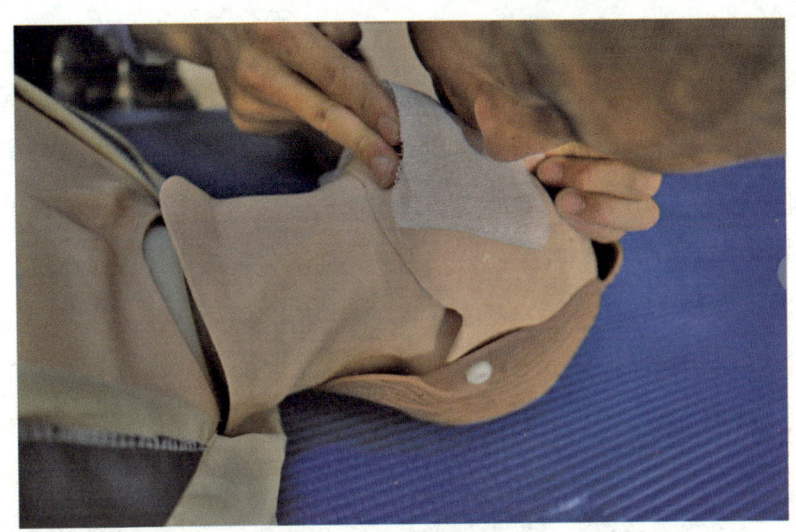

图5-8　指尖特写

　　如果被救者颈部有外伤，便不能采取第一种打开气道的办法。应跪在被救者头顶位置，用双手扣住被救者下颌骨头稍微托起，使其下颌骨前移，打开气道。注意此种情况下不要太用力，不能造成被救者头部的晃动或后仰（图5-9）。

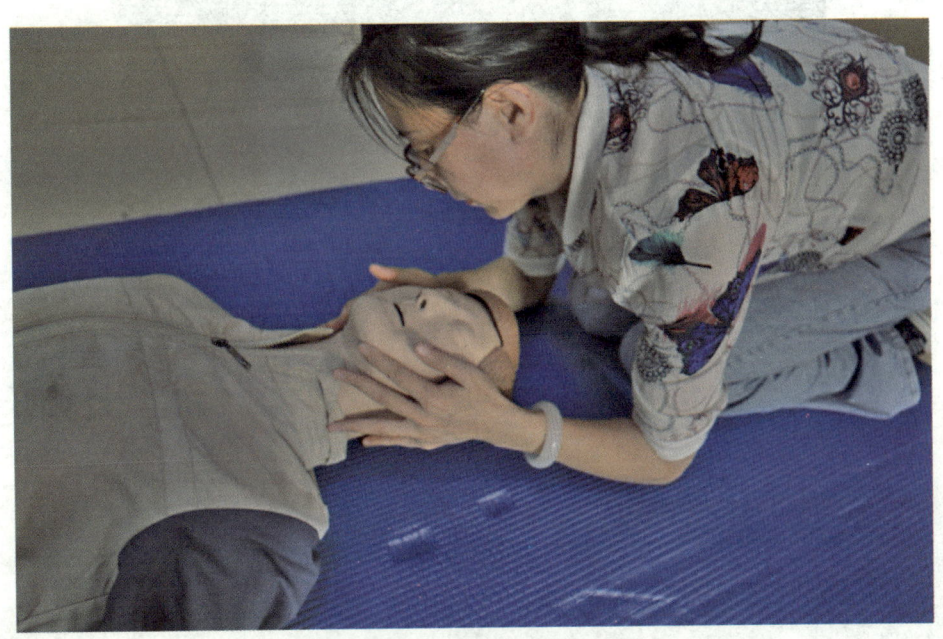

图5-9　第二种打开气道的方法

2. 人工呼吸

尽量使用口袋型呼吸面罩实施人工呼吸（图5-10），最大化保护施救者的安全。在实施人工呼吸时应该在打开气道后立即给予2次连续呼吸（与在水中施救时一样的操作），用手掌侧边压住被救者额头，同一只手捏住他的鼻子封闭鼻腔空气流通（如果用口袋型呼吸面罩则不必，面罩会罩住鼻子），进行人工呼吸时口部应罩住被救者全部嘴部，避免有漏气的地方，然后吹气。吹气后松开鼻翼，同时微微偏头注视被救者胸廓，胸廓比吹气前有扩张才算是有效人工呼吸。等胸廓下降，再吹第二口气。成人人工呼吸频率为每分钟10~12次。

每次吹气持续时间间隔要相同。

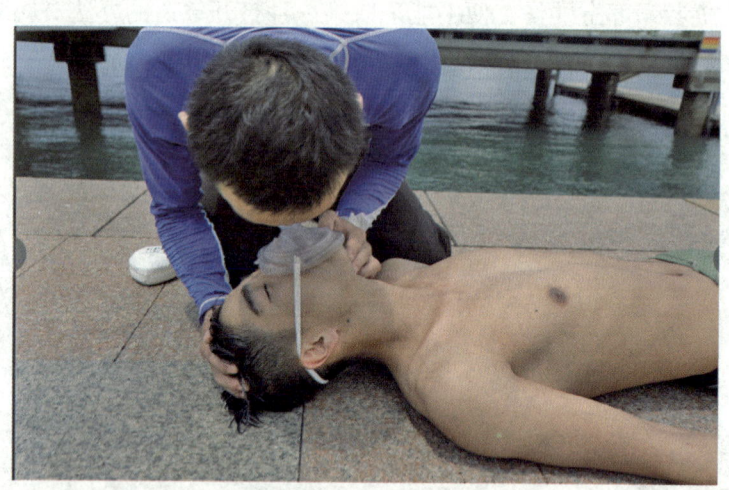

图5-10 使用口袋型呼吸面罩进行人工呼吸

小贴士

口袋型呼吸面罩

口袋型呼吸面罩是在救援中必备的装具，它可以隔离施救者和被救者，最大限度地保护施救者不会直接接触到被救者的口鼻，也可以用来进行氧气瓶供气。

在之前的课程中，我们一直强调在救人之前要先进行安全评估，并最大化保护施救者的自身安全。在不确定被救者是否存在疾病传染风险时，口袋型呼吸面罩可以给施救者提供自身保障。

口袋型呼吸面罩周围的软垫能有效贴合被救者的面部，起到良好的密封作用，避免救援气体泄漏。两侧的松紧带能很好地将面罩固定于被救者的头部，在救援中不须刻意扶着面罩（图5-11）。单向呼吸阀让被救者呼出的气体不会直接被施救者吸入。

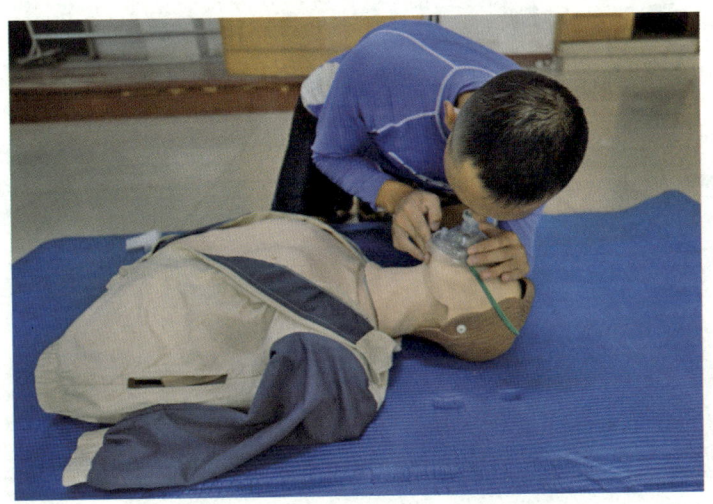

图5-11　使用口袋型呼吸面罩进行施救

船上的急救箱中应常备口袋型呼吸面罩（图5-12），救援潜水员也可以将它作为潜水常用装具，以便在意外发生时可以随时取用。

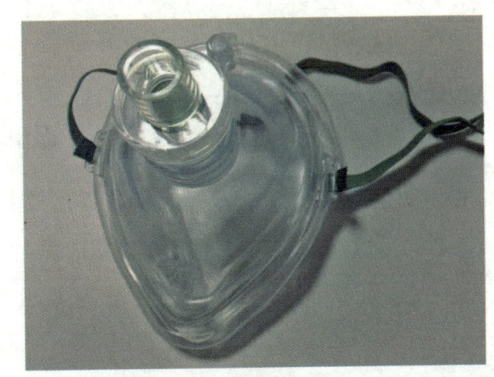

图5-12　口袋型呼吸面罩

3．心肺复苏与人工呼吸的配合

心肺复苏与人工呼吸应交替进行，成人胸廓按压30次后给予2次人工呼吸，这是一个循环。目前国际上通用5个循环为一个观察周期，每个观察周期结束后迅速进行复苏效果判断。

4．观察周期效果评估

心肺复苏及人工呼吸有效的表现：

（1）能触摸到颈部有规律性的脉搏；

（2）逐渐恢复自主呼吸；

（3）出现无意识挣扎的动作、呻吟等；

（4）面色开始红润；

（5）瞳孔缩小，恢复对光照的反应。

小贴士

心肺复苏注意事项：

（1）人工呼吸吹气量每次为500~600毫升，不可过度吹气，一般胸廓稍有起伏即可；

（2）心肺复苏术只能在被救者心脏停止跳动情况下才能施行；

（3）按压频率至少为每分钟100次，保证每次按压后胸廓复位，尽可能减少按压的中断；

（4）胸外按压的位置要准确，按压力度要适中，深度至少5厘米。按压力度过轻无法推动血液循环，按压力度过大容易使肋骨骨折，这需要平时大量的练习才能够良好掌握；

（5）实施心肺复苏时应将被救者的衣扣及裤带解松（图5-13）。

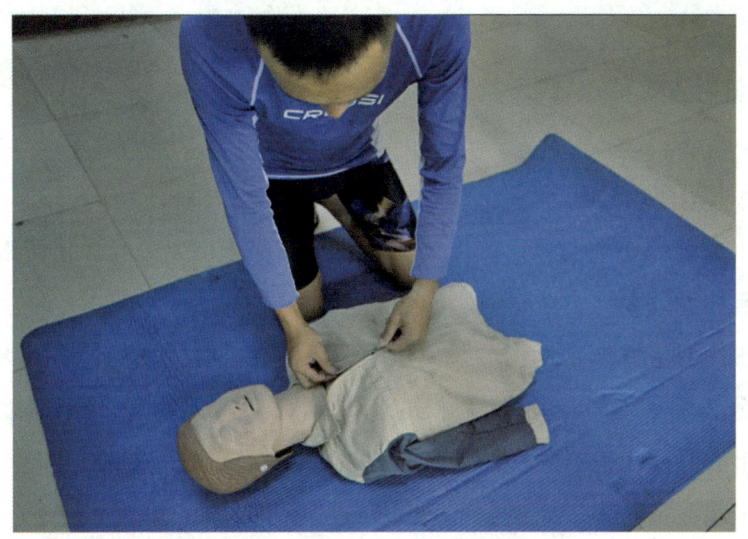

图5-13　施救前拉开被救者的拉锁

 知识链接

　　心肺复苏步骤除了CAB以外，还有体外电击除颤（Defibrillation），但是需要经过培训的人员在场才可以实施，并且在身体有水的情况下不可以实施。早期使用体外电击除颤能够帮助被救者恢复自主心跳，保障人体重要脏器血流灌注，提高复苏成功率。

　　体外电击除颤方法：前电极放置在胸骨右缘第二肋间，侧电极放置在左胸乳头左侧。打开电除颤机器并调节电量，充电，然后放电（除颤）。电除颤后立即进行胸外心脏按压和人工呼吸一个周期，判断复苏效果。

三、止血技术

1. 急性出血判断

急性出血是创伤早期死亡的重要原因之一，应采取紧急止血措施以防因大量出血而引起休克甚至死亡。在潜水中遇到急性出血的情况比较少。

遇到出血时应立即帮助伤员脱离水中环境，在动脉受伤的情况下尤为危险。一般出血分为毛细血管出血、静脉出血和动脉出血。毛细血管出血血液呈鲜红色，量不多；静脉出血有缓慢持续性，血液呈暗红色；动脉出血为喷射状，血液呈鲜红色，出血量较多。应根据不同的情况选择最有效的止血方法。

2. 压迫动脉止血法（指压止血法）

最方便快捷的方法是压迫动脉止血法，也称指压止血法，这种方法不需要任何辅助的物品，就可以第一时间对急性出血进行一定的抑制。但是这种方法不能长时间使用，只是起到一个短暂的应急作用。

压迫动脉止血法多用于头部和四肢动脉出血，此时可以用手指按压在出血部位的近心端，将动脉用压力压向骨头，使它闭合，可以起到阻断血流的作用，临时止血（图5-14、图5-15）。

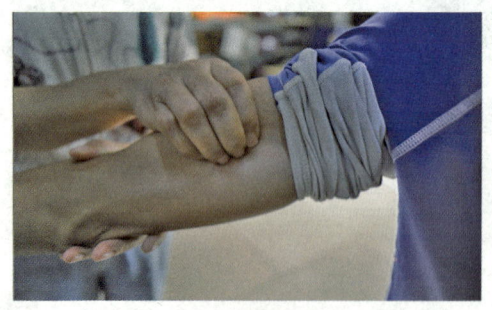
图5-14　小臂流血的指压止血法

图5-15　手指受伤的指压止血法

根据不同的出血部位，相应在近心端进行按压。小臂的出血可以在上臂近关节处动脉流经位置进行按压，上臂出血则可在腋下位置进行按压，手指出血则是在手掌根部进行按压，头部出血一般是在下颌部位或锁骨部位进行按压，腿部同理，可以在大腿根部或足弓处进行按压。

3．加压包扎止血法

加压包扎止血法适用于体表非动脉血管出血，如四肢、躯干或者头部颈部。用无菌纱布覆盖伤口，然后用绷带进行加压包装。若没有无菌纱布，则用干净布料覆盖伤口，用绷带加压包扎（图5-16、图5-17）。

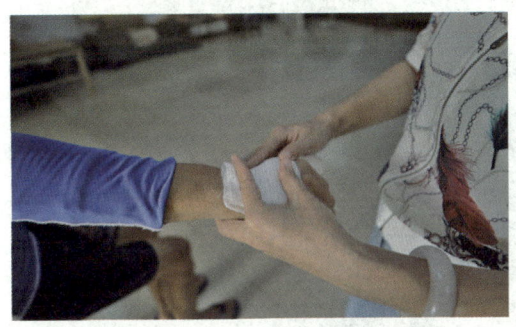 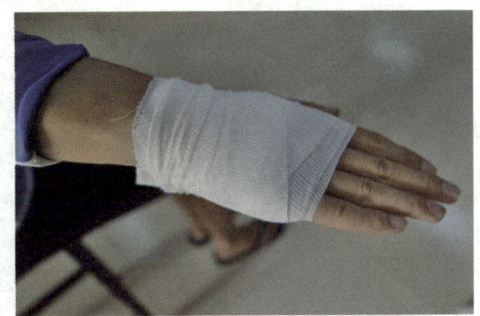

图5-16　用无菌纱布或干净布料覆盖伤口　　　　图5-17　用绷带进行加压

若出血严重，则用纱布或干净布料卷起按压在伤口，再用绷带加压。加压力量适中，要能止血，但不影响血液循环。

4．止血带止血法

止血带止血法能有效控制四肢出血，当出现大出血时可采用此法。但是使用不当有可能造成严重后果，如肢端坏死等，所以需要严格按照要求小心操作，并且不可长时间使用。如使用此法需要超过1小时，由接受专业医院或医护机构培训的人员进行操作。

小贴士

　　在专业医疗机构人员来之前尽量不要搬动伤员，尤其是怀疑有骨折、脊柱损伤等情况。对于不需要心肺复苏、确定没有骨折损伤的昏迷人员，可采取图5-18的姿势暂时安置伤员。

图5-18　昏迷人员体位

四、溺水

1．溺水的分类

　　溺水也称为淹溺，是人在水或其他液体中，由于液体、污泥、水草等杂物堵塞呼吸道和肺泡，或因反射性喉痉挛，引起窒息和缺氧，使机体处于临床死亡的危急状态。[①]

　　① 摘自杨惠花，童本沁《急诊急救护理实践手册》，清华大学出版社2016年版，第249页。

溺水分为淡水溺水、海水溺水、干性溺水和湿性溺水。

2. 溺水的症状

溺水症状有头痛、剧烈咳嗽、呼吸困难、胸痛、咳出的痰呈粉红色泡沫状。严重者会出现抽搐、昏迷、呼吸急促，甚至呼吸停止的症状。同时可能伴随失温或头颈部损伤等症状。

3. 溺水的处理方式

发生溺水时，首先应帮助溺水人员脱离水环境。到了岸上后首先判定是否有呼吸、心跳，是否有意识，是否有失温情况，头部及颈椎是否有外伤。

当人在海水里出现溺水症状，此时高渗透性液体（海水）被吸入肺泡，容易导致血管内的血液或者液体大量进入肺泡，引起急性肺水肿和心脏衰竭。

对失去心跳、呼吸骤停的被救者，应立即进行心肺复苏，在其恢复呼吸或医疗人员到达前不可中断。

如有纯氧气瓶，应由持有相应资质的人员对其进行纯氧供氧。

> **小贴士**
>
> 对于恢复自主心跳和呼吸的被救者，在等待救援人员来的时间内应采取以下措施。
>
> （1）用急救毛毯或衣物为被救者进行保暖；
>
> （2）对于神志不清的被救者，将其头偏向一侧保持呼吸道畅通，并持续观察。

五、急救用品准备

1. 急救箱中包含的物品

施救人员保护物品包括单向阀门的口袋型呼吸面罩、乳胶手套、护目镜（紧急状况下可用墨镜代替）。在其他潜水员发生状况时，无法确认对方是否有传染疾病的风险，所以要先保护好自己的安全，避免接触到被救者的血液、体液等。

常备急救箱见图5-19。

图5-19　常备急救箱

医药箱中的部分药品见图5-20。

医用纱布：处理出血等情况。

医用弹性绷带：处理骨折、出血
等情况。

创可贴：处理小型出血伤口。

医用胶带：辅助伤口包扎。

酒精棉球、酒精棉片、碘伏棉球
或棉签：用于伤口消毒。

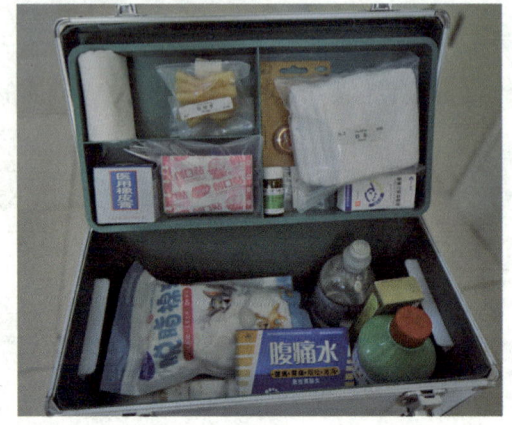

图5-20　医药箱中的部分物品

弹力帽：骨折包扎，关节保护。

三角绷带：处理骨折等情况，用于固定。

卡扣式止血带：处理出血情况。

冰袋：瞬冷冰袋，用于物理降温、扭伤、蜇伤、骨折、晒伤等情况。

热敷袋：用于蜇伤、淤血等情况。

医用烧伤敷料（烫伤膏）：用于烫伤、烧伤等情况。

意外情况记录板：提供潜水意外管理流程和当地医疗机构联系资料。

2. 氧气系统

在潜水发生意外时,为发生意外的潜水员供氧是一种常用的急救方法。氧气对于减压疾病、肺部过度扩展伤害或者溺水等都有着一定的作用,在这些意外发生后及时提供急救氧气,可以缓解被救者的症状,对后续治疗也有着积极作用。

正规潜水船和潜水中心都常备氧气瓶(图5-21、图5-22、图5-23)。作为救援潜水员,应该清楚了解氧气瓶的具体位置,在意外发生时可以第一时间找到氧气瓶。但是,是否可以使用急救氧气取决于当地的法律法规。

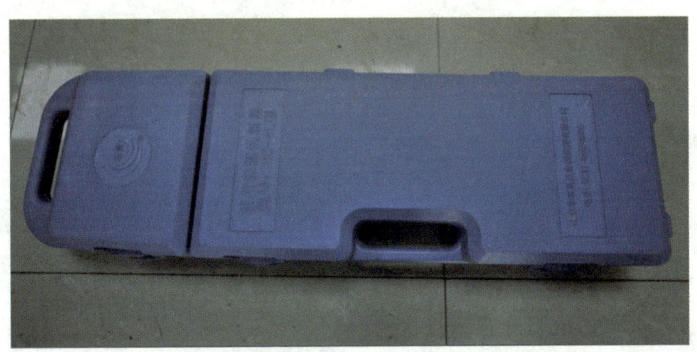

图5-21　氧气瓶外观

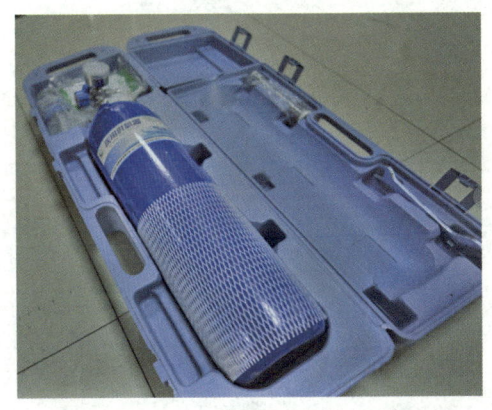

图5-22　氧气瓶

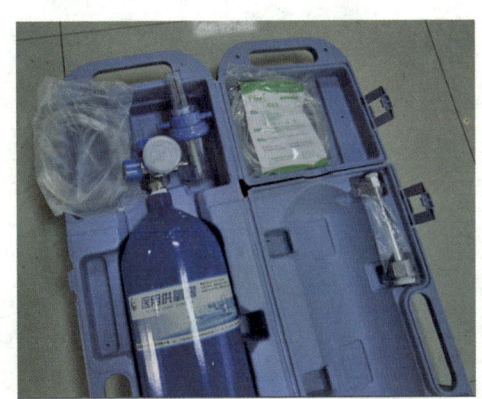

图5-23　常见供氧气瓶组件

在当地法律法规允许的情况下，在船上或者潜水中心应常备氧气瓶，并且放在固定、显眼的位置。

【讨论】

（1）什么情况说明心肺复苏对被救者起效果？

（2）如何判定是否是动脉出血？

（3）如果潜水员在水中受伤出血，第一步应该做什么？

第六单元

潜水事故管理

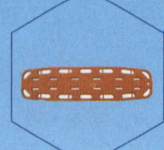

意外事故发生时，潜水员受过的训练越多，能够提供的帮助便越多。当潜水意外发生时，受过训练的救援潜水员不但要有救援的知识，同时要具备一定的现场管理能力。

本单元学习内容：

一、救援潜水员的角色

二、准备工作

三、潜水事故管理步骤

一、救援潜水员的角色

在救援场景中，应首先确认救援潜水员的数量，根据数量和能力进行任务分配。

如果在场的有更高级别的教练、潜水长，或者专业的医疗人员，救援潜水员应该听从其吩咐，进行救援的辅助工作。

如果在场的只有救援潜水员，则需要迅速确定一个最有经验的人进行组织，对在场人员进行任务分配和安排，要善用周围可以求助的人手，如指定某位并不会救援的人士拨打求救电话等。

无论是组织者还是辅助者，作为救援潜水员，需要冷静下来，利用平时学到的知识有条不紊地进行救援。

二、准备工作

救援潜水员需要做好心理上和身体上等多方面的准备工作。

1. 身体准备

潜水救援是一项消耗体力的活动，救援潜水员需要保持良好的体魄。平时注意饮食，保持适当的运动，在潜水期间不饮用酒精饮料，保持足够的休息。

2. 心理准备

救援潜水员要有充分的信心。闲暇时刻，要在内心进行救援活动的演练，也要尽可能多地练习水面救援动作以达到熟能生巧的程度，帮助自己在紧急情况发生时做出正确的判断。

3. 救援工具准备

除了之前介绍的急救用品和氧气急救系统以外，还有很多救援场景中可能用到的工具，尽可能准备齐全能帮助救援潜水员更好地进行事故现场管理。

脊柱板/可以下水的担架（图6-1）：中空的硬质担架，可以入水，用于有多名救援潜水员的情况，可以方便地帮助被救者从水中到达船上或者陆地，适用于有脊柱损伤的被救者。脊柱板本身有一定浮力，可以帮助被救者浮在水面。脊柱板能承受一定压力，在陆地上可以在脊柱板上进行CPR操作。

望远镜：对于搜索观察水面非常有帮助。

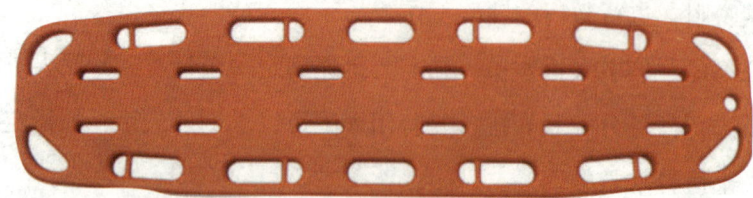

图6-1　脊柱板

无线电设备：一般船上都会配备无线电设备，并且有固定频道可以联系当地海上救援部门，也可以联络附近的医疗单位。

救援提示板：应提前准备好一块专用的救援提示板，防水板最佳。上面要写好当地医疗单位的电话，海警或海边巡逻队等救援部门的电话，附近再压舱的电话等。如果现场救援潜水员的人数不足，拿着提示板的人员便可以顺利进行救援任务。

除了要提前准备好这些有用的工具以外，熟悉装具的使用和存放位置也是非常重要的，在意外发生时能第一时间做出应急反应。要提前熟悉这些专业工具的使用方法，如向资深人士请教学习。

养成有序收纳装备和救援工具的良好习惯，在紧急情况发生时，可以迅速找到需要的装具和工具，不会因为无序摆放而延误救援时机。

4. 紧急救援预案的演练

应该像对待消防演习、地震演习等预案演练一样来对待潜水预案的演习。在平时便演练遇到意外情况时应该如何进行自救及救助他人，如何进行组织及执行组织者的计划，可以在危急时刻发挥巨大作用。尤其是在连续多日潜水的情况下，如果有条件，可以由救援潜水员以上级别的潜水员组织，在船员的协助下，在第一次潜水前进行一次急救演练，以应对船上可能出现的意外状况。

在预案演练中，由组织者进行任务分配，所有参与人员都应该学会如何联系急救机构或医疗机构，如何寻求海警等救援力量的帮助。要学会记录事故发生的时间以及经过，这样在医疗人员到达时可以第一时间进行交接，并且在事后做事故调查报告时可以有第一手的资料及较为准确的记录作为参考。

三、潜水事故管理步骤

在紧急情况发生时，救援潜水员应该有一套完整的、容易遵循的救援流程，参照这个流程便可以执行潜水事故的管理。

1. 评估

潜水事故管理要进行事故情况评估，环境评估以及救援能力评估。这个评估过程应该持续贯穿整个救援过程。

事故情况评估：在接到报告时应先评估可能发生意外的人数以及原因，迅速判断需要救援的类型以及参与救援的人数，应向哪些部门求救，迅速成立临时救援管理组织，确认主要负责人。

环境评估：评估周围潜水和救援环境，水流大小，能见度，天气状况，周围可能存在的危险源等。如有人员失踪，根据环境和失踪地点评估应采取的搜索方式。

救援能力评估：对可参与救援的人员经验、受训水平、装具和心理状态进行评估，结合之前的两项评估来确认现有人力能否胜任本次救援活动。请记住救援的首要原则是，保证施救人员的安全。此项评估应该在整个救援过程中不断重新进行，如果参与救援的人员已多次下水，出现疲惫状态，应中止其救援活动，以免施救人员也出现意外状况。

组织者的评估会直接影响救援活动，施救者是否接受过相关培训，施救者是否能够在保证自身安全的状态下施救，这些都是组织者应该考虑到的问题。

2．确定救援计划

根据评估结果确定救援计划，如果有人员失踪，要先确定搜索方式。结合潜水前制定的潜水计划和之前的评估结果，对本次救援计划进行简单的修正。

用简单明确的语言向施救人员解释最新的救援计划，并进行任务分配。

3．执行救援

在进行紧急施救前，要指定人员进行求援，在施救过程中，指定求援的人员可以与医疗援助保持联系。向医生讲述伤员的情况，遇到的意外，救护措施以及伤员的病史。现在一般港口或者大型船只都有无线电装备可以请求无线电医疗援助，在咨询过程中必须把医生的建议和处理指令清楚地记录下来，并且口头重复医生的话以确保没有误听，如有条件最好将对话进行录音保存。

小贴士

在请求医疗援助时，可以有如下信息。

"现在被救者为男性，大约40岁，在潜水后到达水面突然失去意识，人员已被救上水面，口腔已清理，气道打开，有呼吸心跳，脉搏每分钟102次，面色和口唇发青。已进行保暖措施，有紧急供氧设备。"

在救援过程中，应该留下详细的医疗记录，将被救者的医疗记录和转运记录都一同交给医疗机构，这有利于专业医务人员对现场进行评估。

4．事故记录

对于潜水事故的发生，无论是否救援成功，都应该有详细的记录。在经历了急迫而紧张的救援过程，救援潜水员可能无法想起详细经过，或者彼此之间说法不一致。如果有人能够做详细的事故记录，会有利于后期的医疗救护和事故报告的撰写。

事故记录应包含的信息：

（1）时间，地点；

（2）人员组织情况（主要负责人，参与人员及分工）；

（3）设备使用情况；

（4）复述经过；

（5）每次入水、出水时间、下水人员状况及新发现情况；

（6）采取的搜救方式；

（7）被救者在水中总共时长；

（8）被救者呼吸频率、心跳脉搏；

（9）皮肤颜色，口唇及指甲状况，体温状况；

（10）是否有意识，精神状态如何；

（11）是否有受伤，受伤位置；

（12）被救者接受了哪些紧急治疗；

（13）被救者恢复意识时间；

（14）医疗机构到达时间或者被救者彻底恢复时间。

事故记录在救援完成后应上报相关部门，然后将完整资料上传到CDSA的网站，救援主要组织者和负责提供此次潜水的培训机构/俱乐部均需保留一份。

→ →　　作为一名对自己负责的合格潜水员，我承诺不在气候和水文条件不佳的情况下潜水，不在装具不齐全的情况下潜水，不独自潜水，不进行超过自己执照等级和训练水平的潜水。我自己和潜伴的安全是第一位的，我承诺成为一名注重安全、环保的CDSA潜水员。